AF586004

L'EMPEREUR DE PERSE

NASSR-ED-DIN CHAH

COMTE C. DE RIGAULD

SA MAJESTÉ

NASSR-ED-DIN CHAH

EMPEREUR DE PERSE

PARIS

F. AMYOT, LIBRAIRE-ÉDITEUR

RUE DE LA PAIX, 8

1290-1873

NASSR-ED-DIN CHAH

Depuis un mois l'Europe est en fêtes sur le passage d'un souverain de l'Asie, et il y a entre les puissances une sorte d'émulation dans l'empressement et la splendeur de l'accueil qu'elles réservent à l'hôte illustre qui leur vient de l'Orient. La Russie et la Prusse passent devant lui la revue de leurs armées. L'Angleterre lui montre ses flottes et étale à ses yeux toutes les richesses d'une industrie qui a le monde entier pour client. La Suisse abandonne quelque chose de son austérité républicaine pour s'associer et s'assimiler à ces démonstrations. Chaque nation dont il a traversé le territoire détache auprès de sa personne des officiers qui lui forment une garde d'honneur. L'Italie, empressée de se joindre à ce cortége, vient jusqu'à Paris, à trois cents lieues de sa frontière, au-devant de ce visiteur. L'Exposition universelle de Vienne résumera ensuite, dans une magnifique synthèse, ces spectacles variés dont l'ensemble constitue l'appareil et l'œuvre même de la civilisation européenne. C'est maintenant au tour de la France à figurer dans ce brillant et magnifique tournoi. Il ne suffit pas qu'elle y apporte ses grâces naturelles et qu'elle reste, dans cette circonstance, fidèle à ses traditions de courtoisie envers l'étranger. Toutes les Cours européennes considèrent ce voyage comme un événement d'une solennité rare et d'une exceptionnelle gravité. Chacune d'elles s'efforce d'attribuer au pays qu'elle représente un rôle prédominant dans la direction des affaires européennes et de se hausser dans l'estime de son hôte impérial. Le titre de ce souverain, la situation de son peuple, les traditions de l'histoire dans le passé, les perspectives de la politique dans l'avenir, les œuvres qui vont naître et dont on pressent déjà la grandeur, tout justifie de la part des hommes d'État de l'Europe une telle préoccupation. Ce sentiment a éclaté dans les fêtes par lesquelles on a célébré à Saint-Pétersbourg, à Berlin, à Bruxelles et à Londres la présence du Prince ; il présidera aux nôtres. La France, momentanément diminuée dans son rôle politique, n'est atteinte ni dans ses forces vitales, ni dans son rôle historique, ni dans sa mission. Elle doit apparaître telle que les siècles l'ont faite et que son génie la maintient. Notre influence, en effet, n'est pas de celles qui peuvent être compromises par la fortune d'un seul jour. Dans le palais de Versailles, au-dessus de la table du banquet dressée dans la galerie des Glaces et où va s'asseoir M. le maréchal de Mac-Mahon, plane encore l'image de la France ancienne et de Louis XIV offrant sa dernière fête aux premiers envoyés Persans.

⌘

Le souverain dont le voyage à travers l'Europe cause ce mouvement universel d'attention et de respect, est précisément S. M. Nassr-ed-din Châh, empereur de Perse, auquel la tradition conserve le titre de Châh-in-Châh, c'est-à-dire de roi des rois, par une de ces expressions symboliques qui attestent au moins la grandeur des origines et des souvenirs. Le Prince qui règne aujourd'hui sur l'empire d'Iran est le quatrième de la dynastie des Kadjars dont l'avénement au trône, vers la fin du dernier siècle, a mis fin aux luttes civiles et aux usurpations qui désolaient le pays depuis deux cents ans. Généreux, instruit, de mœurs sobres et sévères, ne demandant qu'à l'exercice viril de la chasse une distraction aux soins et aux soucis de la politique, il a été formé jeune au gouvernement des peuples. Son père, Mohammed-Châh, lui avait confié l'administration d'une des plus riches provinces de l'empire, l'Aderbaïdjian, sur les bords de la mer Caspienne et aux pieds du Caucase, où il fit preuve des dons naturels qui signalent les hommes d'État. Il fut porté à son tour au trône par la mort de son père, en 1848. Son règne fut d'abord troublé par diverses insurrections, entre autres celle du Khorassan, derniers vestiges des habitudes du passé, puis par la formidable conspiration des Bâbis, qui mit en péril la vie même du Prince. D'autres catastrophes plus douloureuses sont encore venues éprouver, sans l'ébranler, l'obéissance de son peuple, son esprit de patience et de résignation. L'Europe entière s'est émue au récit de la famine qui a décimé la Perse en 1870, et qui, agissant sur le cœur et sur l'intelligence du Prince, devait amener les décisions hardies et généreuses qui ouvrent désormais devant ce pays un nouvel avenir.

⌘

Le peuple aux destinées duquel préside Nassr-ed-din Châh est glorieux entre tous ; l'histoire, dans le passé, n'en nomme pas de plus grand. Dans la politique contemporaine, l'Iran présente encore une importance exceptionnelle à cause de la vigueur des intérêts rivaux qui s'agitent autour de ses frontières. Cet empire, berceau de peuples héroïques, a été illustre dans toutes les sciences du ciel, depuis la philosophie jusqu'à l'astronomie ; il a été fameux par ses poëtes, qui bercent depuis deux mille ans dans leurs chants inspirés les rêves de l'Asie, et par ses artistes, sculpteurs, potiers ou émailleurs, qui décorent le bois ou la terre avec un art merveilleux. Il s'honore par des sentiments de tolérance religieuse trop rares parmi les populations musulmanes. Oscillant du nord au sud, des bords de la mer Caspienne à ceux du golfe Persique, il a cherché pendant de longs siècles les limites de son domaine propre et les traits définitifs de sa configuration. Par le golfe Persique, il communiquait avec le bassin de la mer des Indes et avec tout l'Orient; par la mer Caspienne, il s'efforçait de remonter vers le nord et l'occident, et de s'ouvrir vers l'Europe ces voies que les grandes invasions devaient tracer plus tard et que l'industrie moderne devait retrouver. La Perse semblait être alors le centre de la terre. Son territoire se confondait avec l'emplacement que les interprètes bibliques attribuaient au Paradis terrestre. Sa puissance s'étendait sans cesse à l'ouest, couvrant l'Asie Mineure, la Syrie avec Cypre, la Bactryane, la Sogdiane et l'Égypte, enveloppant dans ce vaste réseau, par la main de Cyrus, Babylone, après Ninive, ces reines du monde ancien, soumettant enfin à sa domination l'Euphrate, le Tigre et le Nil. C'était le foyer de toute lumière, de toute richesse, de toute poésie et de toute science. Et cet éblouissement du luxe a été tel que la fiction a toujours choisi de préférence cette terre pour y faire briller ses mirages.

Déjà, néanmoins, par un frappant contraste avec l'instinct principal du génie asiatique que ce peuple personnifiait, d'ailleurs, avec tant d'éclat, la Perse cherchait à se répandre au dehors. Pendant que les Indes s'isolaient dans les créations les plus fastueuses de l'art et dans les mystères de la science sacerdotale, tandis que la Chine et le Japon s'enfermaient dans les cadres d'une civilisation dont nous n'entrevoyons pas les origines et qui semble immuable, elle livrait, au contraire, l'assaut à l'Occident et en recevait à son tour le choc. Le Ve et le IVe siècles avant l'ère chrétienne, de Xerxès à Alexandre, sont remplis par ces guerres vraiment épiques dans lesquelles les Perses posaient, à travers les chances d'une fortune diverse, les bases de leur établissement définitif au centre de l'Asie.

Un jour, le cours de cette histoire a paru s'interrompre. La Perse, avec toute l'Asie, est tombée dans un sommeil qui devait durer des siècles. Son nom s'est effacé au milieu de nous au point de ne plus revivre que par les souvenirs bibliques invoqués par l'éloquence de Bossuet. Une civilisation nouvelle défigurant celle que la Grèce avait empruntée à l'Orient par l'Égypte, la Syrie et la Perse, s'était infiltrée en Italie par la Grande-Grèce. Là elle avait grandi ; elle s'y était épanouie et s'était répandue sur l'Europe. C'est à peine si le choc des armées musulmanes et des armées chrétiennes jusqu'au centre de notre continent et sous les murs de Jérusalem, du XIe au XIIIe siècle, a secoué cette torpeur. Lorsque les deux mondes se sont trouvés de nouveau en contact, c'est le fer ou le poison à la main, à l'aide de la force ou de la ruse, que l'Europe a pénétré dans le palais enchanté de l'Asie. Chacun des pas faits pour ce rapprochement est marqué par une bataille. De formidables hécatombes humaines accompagnent cette extension des relations intellectuelles et commerciales qui constituent, pourtant, dans leur essence, le travail et le progrès. Notre politique même, comme il est arrivé à la fin du dernier siècle, n'a pu échapper aux rivalités sanglantes que faisait naître, entre les peuples européens, la vue de cette proie. Il a fallu à l'Angleterre cent années d'une guerre atroce pour asseoir sa domination dans les Indes. Quand nous avons voulu garantir la sécurité de nos nationaux en Chine, les deux nations ont dû aller en armes jusqu'à Pékin. Ces peuples, en retour, pour justifier leurs résistances, accusaient l'Europe de lui apporter avec l'opium la corruption et la mort. Deux civilisations, qui se repoussaient l'une l'autre, ne se rencontraient, en un mot, que pour se combattre et se maudire.

Telle est l'histoire des derniers siècles, et les plus voisins de nous, histoire de sang et de ruines.

Le voyage de Nassr-ed-din Châh vient rompre avec ces sombres traditions. Cette démarche fera plus pour l'avancement de nos relations avec l'Orient que ne le pourrait une armée de 100,000 soldats. Par elle interviennent, en effet, entre l'Europe et l'Asie, deux grandes vertus, les plus fécondes de toutes en politique, l'amitié et la paix. La civilisation européenne, dont ce Prince admire la beauté, a désormais un interprète qui agira sur les populations asiatiques par la communauté du génie ou de la foi religieuse. Ces premières raisons d'ordre général, rapprochées de la vigueur de pensée qu'atteste cette décision, suffiraient seules à expliquer pourquoi les Cours européennes se montrent à l'envi jalouses d'entourer d'honneurs le Prince qui vient les visiter.

⌘

Grande initiative, et hardie, de la part d'un Prince soustrait aux influences du dehors par les habitudes mêmes de la souveraineté en Orient : Quitter sa capitale et son pays pendant de longs mois; renoncer à l'intimité somptueuse de ses palais et aux puissantes émotions de chasses légendaires, pour aller volontairement se faire le témoin d'une autre civilisation regardée pendant des siècles comme une ennemie, mais qui doit à ses progrès les plus récents des forces merveilleuses. Nous assistons souvent, en Europe, à des voyages princiers. Les entrevues de membres des familles régnantes se succèdent de mois en mois. Mais quelle différence! Entre princes européens, ces visites donnent lieu à des fêtes d'apparat ou recèlent des desseins politiques plus ou moins secrets; elles ne sauraient exercer d'influence exceptionnelle sur la vie ou les institutions des peuples. Ces peuples, en effet, se connaissent entre eux; chacun d'eux compte de nombreux nationaux chez ses voisins. Les idées de toute origine et les produits de toute provenance s'échangent constamment d'un côté à l'autre de frontières purement politiques et fiscales. Entre la Perse et l'Europe il en va tout autrement. Compter sur l'action individuelle de ceux qui nous viennent de ces contrées lointaines ou de ceux qui les visitent serait se faire une illusion puérile. Réduit à ces agents, le progrès, malgré les voies rapides que notre temps lui a ouvertes, ne s'accomplirait pas en un siècle. Nassr-ed-din Châh s'inspirant de l'autorité suprême qu'il exerce, a compris que, dans une situation semblable, c'était à lui, le chef et le maître de l'État, de se déplacer et de mettre, pour ainsi dire d'un seul coup et par sa personne, toute l'intelligence, toute la volonté et tout le génie de la Perse en contact avec le génie, la volonté et l'intelligence de cette Europe si vieille au gré de notre impatience, et si jeune quand on mesure son histoire aux fastes quarante fois séculaires des Orientaux.

⌘

Deux hommes, les deux principaux parmi les personnages qui accompagnent leur souverain, ont préparé cette résolution et s'y sont énergiquement associés : Hadji Mirza Hussein Khan, qui porte le titre de Sadrazem ou grand vésir, et Malcom Khan, Nazim ol Molk, ministre des relations extérieures. Ces deux ministres, en inspirant à l'Empereur cette détermination et en contribuant ensuite à dissiper les préventions de l'opinion publique, ont fait preuve d'un sens profond et vigoureux d'hommes d'État. Les hommages que leur Prince recueille dans toutes les capitales et sur tout le parcours de son long trajet, de la part des gouvernements et de la part des peuples, les marques de respect et comme d'encouragement qui l'entourent, sont pour eux une première récompense de cet acte de ferme décision. Si l'œuvre qu'ils ont entreprise n'est pas abandonnée, et elle ne peut pas l'être, l'histoire et l'avenir leur en réservent d'autres plus éclatantes et plus illustres.

⌘

Ce voyage n'est, en effet, que le prologue et comme

la préface d'un vaste plan de réformes dont l'honneur revient sans doute à l'Empereur; mais que le grand vésir Mirza Hussein Khan, son auxiliaire, le ministre des affaires étrangères, Malcom Khan, et tous ceux qui sont associés à eux dans le gouvernement de la Perse, ont mission d'organiser et d'appliquer.

On sait de quel souci le Châh est pénétré pour les intérêts vitaux de son pays. Les inventions qui, utilisant l'électricité et la vapeur, sont l'orgueil et la force du monde moderne, y ont à peine pénétré. Son territoire s'ouvre sur deux mers, et il n'a pas de marine. A l'est et à l'ouest, ses frontières ne présentent pas de défense naturelle, et c'est depuis dix ans au plus que l'armée se reconstitue. Ce peuple est doué d'une imagination merveilleuse; il est instruit, poli, sobre, laborieux et patient; il a le génie des arts; et la fabrique, dans le sens européen du mot, n'existe pas chez lui. Nos musées, les riches collections d'amateurs abondent en œuvres exquises qui attestent ces dons de race; et personne parmi ces industrieux artisans ne songe à les tourner en instruments de fortune. Enfin il semble, par intervalles, que cette terre d'une si prodigieuse fertilité en certaines parties, et où ont éclaté jadis toutes les merveilles du faste humain, se refuse à produire. La faim saisit cette population à la gorge, elle la torture et la décime dans des retours implacables.

En même temps, par un contraste bien fait pour

émouvoir le cœur du Prince et frapper son esprit, le Châh peut voir en dehors de ses États, sur ses frontières du nord-est et du sud-est le spectacle de la force grandissante de l'Angleterre et de la Russie : — l'Angleterre qui, après avoir soumis toute l'Inde, en est arrivée, par une fatalité regrettable, à se trouver en conflit avec la Perse même ; la Russie, qui, poursuivant son œuvre d'expansion dans les grandes plaines du nord de l'Asie, prépare là, pour l'avenir, le berceau de peuples encore innomés.

Pourquoi donc en Asie ce sommeil, ces ruines, cette misère chronique? et comment, d'autre part, la force de l'Europe, se répandant si loin de son principal foyer, ne s'épuise-t-elle pas, mais semble-t-elle, au contraire, se développer et grandir sous la pression de ses propres efforts? Pendant que nos érudits, recueillant parmi les ruines d'Ecbatane ou de Ninive des fragments de pierres, cherchent à y découvrir le secret de la mort, le Châh fut pénétré d'une pensée inverse et plus féconde, il voulut surprendre chez nous le secret de la vie et l'appliquer à son peuple et à son gouvernement.

⌘

La dernière crise, la famine de 1870, avait été atroce. Le roi regarda autour de lui, se demandant quel homme il pourrait charger d'accomplir la vaste tâche qu'il avait conçue. L'opinion publique fut unanime à lui désigner Mirza Hussein Khan. Ce personnage avait été longtemps ambassadeur de Perse à Constantinople. Dans ce poste si difficile, car l'Empire Ottoman et l'Empire d'Iran gardent, l'un à l'égard de l'autre, les chemins de l'Europe et de l'Asie, il avait fait preuve d'une haute intelligence et il avait conquis l'estime des hommes d'État, toujours si importants lorsqu'ils sont bien choisis, qui représentaient les diverses souverainetés de l'Europe auprès de la Porte. Nassr-ed-din Châh avait lui-même distingué Mirza Hussein Khan, lors d'un voyage à Bagdad où l'ambassadeur était venu rendre hommage à son souverain, et il l'avait ramené avec lui à Téhéran. Pendant la famine qui venait de sévir, le Khan avait été prodigue de charité et d'abnégation. Il avait dépensé en secours sa fortune, 4 millions de tomans; et après deux ans écoulés, le peuple bénit encore la place où il distribuait ses aumônes. Ce n'était donc pas seulement un homme d'État d'une haute expérience, c'était un homme de cœur. Le Châh trouvait en lui ce qui est le bonheur d'un règne lorsqu'un prince est digne de tels serviteurs : un ministre habile, et qui était agréable à ses sujets. Mirza Hussein Khan était pénétré comme son maître des besoins de la Perse. Il entra donc bien vite dans les vues de Nassr-ed-din Châh. En retour de la confiance généreuse dont il était l'objet, il exposa tout un plan de réformes qui s'étendaient depuis les finances jusqu'à l'industrie et aux arts. Il s'agissait d'appliquer à l'antique civilisation des Perses les instruments et les ressources de la civilisation moderne, de replacer ce pays au rang qui lui appartient dans l'histoire du monde et d'en faire l'initiateur de l'Asie aux grandes conquêtes humaines qu'elle doit à son tour s'approprier.

Ce qui fut, en un mot, décidé dans ces graves entretiens entre l'empereur et son ministre, ce fut la résurrection politique de l'Iran. Le Châh approuva les conceptions qui lui étaient soumises, et il donna à Mirza Hussein Khan les pouvoirs nécessaires pour les réaliser.

Celui-ci comprit la nécessité de ne pas porter seul une si lourde tâche, mais de s'adjoindre un homme qui pût s'associer à son travail et seconder son action. Il avait connu, pendant son séjour à Constantinople, un ancien serviteur de l'État dont il avait apprécié la haute intelligence : c'était Malcom Khan. Esprit hardi, séduit par les nouveautés dont ses études lui avaient fait entrevoir la puissance d'application, il était animé d'un égal dévouement envers son prince et son pays. Il s'était seulement répandu en propos trop libres, espérant ainsi hâter l'heure des réformes qu'il souhaitait, et cette témérité l'avait conduit à Constantinople. Hussein Khan, disons-nous, l'y avait connu. Il avait pressenti tout ce que cet esprit loyal et cette âme ardente mettrait d'énergie au service de son prince le jour où la politique, loin de repousser les idées nouvelles, en provoquerait l'éclosion. Il l'appela donc auprès de lui et en fit son collaborateur le plus actif. Le souverain s'empressa de ratifier le choix de son premier ministre. Il confia à Malcom Khan le soin des relations extérieures de la Perse. Hussein Khan et Malcom Khan, unis désormais dans une pensée commune et travaillant ensemble à une même œuvre de résurrection, groupèrent autour d'eux les hommes les plus distingués de la Perse. C'est ainsi que nous voyons aujourd'hui auprès de Nassr-ed-din Châh l'illustre Sadrazem, Mirza Hussein Khan, Malcom Khan, ministre des relations extérieures; Yahya Khan, ministre de la Cour, frère du Sadrazem, ainsi que les plus éminents Personnages de l'Empire. Toutes choses ainsi préparées, et avant de se mettre à l'œuvre, le Châh et ses ministres eurent la pensée d'aller voir par eux-mêmes, dans ses centres les plus illustres et dans ses plus glorieuses créations, cette civilisation de l'Occident, fille et héritière de l'antique civilisation dont les peuples de l'Orient ont conservé et immobilisé le dépôt. Nassr-ed-din Châh confia donc à son oncle Ferrahd Mirza, Mothamed ol dowlet, frère de son père Mohammed Châh, la régence du royaume; et après avoir reçu les hommages et les vœux des Ulémas, il partit pour l'Europe.

ꕤ

Si l'on veut bien apprécier l'importance et l'opportunité de cette démarche, il faut se séparer des impressions courantes de la politique, se garder des assimilations fausses et s'élever à des vues historiques plus générales et plus larges.

Les vingt premiers siècles de l'histoire du monde appartiennent à l'Asie et à cette partie de l'Afrique qui s'est illustrée sous le nom de l'Égypte, et qui, restant en communications constantes avec l'Orient par l'Arabie Pétrée et la mer Rouge, a été associée à toutes ses destinées. La science la plus attentive de nos jours n'a pu retrouver que les cadres sociaux et les œuvres matérielles de cette civilisation dans les temples des Indes, dans les ruines qui bordent les rives de l'Euphrate et du Tigre, et dans les institutions encore mal définies, mais singulièrement inertes, de la Chine et du Japon.

Puis a surgi l'Europe. La Grèce d'abord, avec ses poëtes, ses orateurs, ses statuaires, ses peintres, ses philosophes et ses guerriers, au Ve siècle avant notre ère. Après la Grèce, l'Italie, faisant de Rome la tête et le centre du monde, envoyant ses lieutenants jusque dans les provinces les plus reculées de l'Asie et persuadée, dans son orgueil et dans son ignorance, que s'il y avait d'autres terres, elles n'etaient pas dignes de l'homme, puisque le peuple romain ne les occupait pas. Cette puissance et cette gloire ont mis près de dix siècles à se fonder et à s'éteindre, du VIIIe siècle avant notre ère au IIIe siècle de l'ère chrétienne. Alors ont suivi de longs siècles, pendant lesquels l'Asie se taisait, et que l'Europe employait, au milieu de bruyantes querelles, à préparer sa régénération. Seulement, à la place de cette civilisation unitaire de Rome ou de la Grèce, devaient éclater, dans leur originalité locale et leur multiplicité, des civilisations diverses, reliées entre elles par une même foi religieuse et dénonçant par la communauté du génie la profonde unité d'origine des peuples européens. Malheureusement, l'Asie ne s'est pas associée à ce réveil. Plus près de nous, la Grèce n'a pas secoué son linceul, et l'Italie a paru ne revivre quelques années, deux siècles à peine, que pour participer par les arts et par la religion à la transformation qui s'opérait dans la civilisation qu'elle avait léguée au monde.

Mais ces transitions ont un caractère que l'histoire a marqué. C'est une opinion acceptée par tous nos historiens que la civilisation s'avance de l'Orient à l'Occident, laissant retomber dans l'ombre les peuples qu'elle a un instant éclairés et en élevant d'autres pour les précipiter à leur tour. Dans cette conception, justifiée sans doute par le témoignage du passé et inspirée par l'application que nous sommes tentés de faire aux peuples de notre destinée individuelle, où la vieillesse et la mort succèdent fatalement à la jeunesse et à l'âge mûr, dans cette conception, disons-nous, chaque peuple recueille à son tour l'héritage humain, le cultive, le féconde, l'embellit et le livre ensuite à d'autres mains plus jeunes, qui reprennent et continuent ce travail éternel, ne conservant pour lui que les grands souvenirs qui trompent son orgueil et le consolent de sa chute.

Ces théories cruelles s'appliquaient bien à des sociétés étroites, organisées au profit d'un petit nombre dans l'abaissement de tous, vivant sur elles-mêmes et n'ayant d'autre instrument d'expansion que la guerre, dont les hasards implacables établissaient et détruisaient tour à tour leur puissance. Il semblait donc que l'univers fût trop grand pour les organes dont l'humanité dispose, et qu'une part du monde pût seule jouir de la vie, de la lumière, de tous les biens dont nous comble la culture de l'âme et de l'esprit. Aujourd'hui, nous devons renoncer à ces doctrines, au nom desquelles l'Europe se croyait en droit de condamner l'Asie et se tenait elle-même pour menacée par l'Amérique. Loin de redouter l'espace et l'étendue et de circonscrire volontairement la sphère de son action, l'homme, confiant dans les forces que la science a asservies, cherche des terres nouvelles pour étendre son domaine et le posséder entièrement. Grâce à la vapeur et à l'électricité, le monde n'est plus trop vaste. Sa mesure est en rapport avec les grands agents industriels qui servent nos besoins physiques en même temps qu'ils répondent à nos besoins intellectuels et moraux. Ce qui est, peut durer ; ce qui est mort, peut revivre ; ce qui n'est pas encore, peut naître. Les sciences et les arts possèdent désormais des moyens inouïs de propagation. A cette heure, Paris est moins loin de Pékin que Rome ne l'était d'Athènes le jour où la liberté grecque fut étouffée pour dix-sept cents ans par une légion romaine.

L'œuvre que le Châh vient entreprendre eût été condamnée il y a deux cents ans par nos préjugés européens ; elle eût été encore chimérique il y a un siècle. À notre époque, elle n'est que la reconnaissance du plus grand fait, peut-être, de l'histoire contemporaine, de celui qui jettera le plus de gloire sur notre XIXe siècle. Dans cet intervalle de cent ans, la surface du globe, appartenant à la civilisation, c'est-à-dire à la science militante et au travail, sera doublée. Ce sera un éternel honneur pour Nassr-ed-din Châh d'avoir voulu restituer au progrès et à la vie la part de l'héritage humain qu'il a reçue de ses ancêtres.

⁂

L'Europe aurait été bien aveugle et bien imprévoyante si elle n'avait réservé son plus cordial accueil à un prince qui vient ainsi à elle, l'esprit et le cœur remplis d'intentions élevées et généreuses. Et parmi toutes les nations de l'Europe, la France doit se distinguer dans cette rencontre. Depuis longues années, des relations amicales ont été entretenues entre les deux peuples. Elles ont été développées à Paris par le talent politique si apprécié et l'extrême courtoisie du ministre de l'Empereur, le général Nazare-Agha, qu'un séjour prolongé en Europe a familiarisé avec nos usages. A Téhéran, elles ont été, sous la direction de divers diplomates, assurées par l'action persévérante de l'un des orientalistes les plus érudits, l'honorable M. Nicolas, consul honoraire et premier drogman de notre légation, et elles ont été étendues à la nation persane elle-même par l'œuvre si grande d'éducation et de charité qu'accomplissent en Orient les Pères Lazaristes.

La France, d'ailleurs, n'a cessé, depuis dix siècles, d'agir en Orient, et elle est constamment présente par ses flottes dans les mers de l'extrême Asie; mais elle peut se rendre cette justice d'avoir obéi plus que toute autre à des mobiles de l'ordre moral et d'avoir, plus que toute autre, poursuivi un but humain et désintéressé. Nous n'avons là ni conquêtes à défendre, ni ambitions à servir. Il ne saurait donc y avoir, dans les arrière-pensées mêmes de notre politique, aucune déception à voir la paix se substituer à la guerre dans des rapports auxquels la force a, presque seule, présidé jusqu'à ce jour. Tout l'objectif, en effet, de notre politique, se trouve placé au-dessus de ces compétitions violentes. Nous n'avons en vue que la résurrection de l'Asie et son relèvement. Que de sacrifices cette pensée ne nous a-t-elle pas déjà imposés à Constantinople? Quel allié plus sûr que nous le Turc a-t-il trouvé? Pour lui, nous avons prodigué nos flottes, nos armées, compromis notre politique et déplacé nos alliances. Malheureusement, et par des causes qu'il serait inutile de rechercher ici, sur ce terrain de l'empire ottoman tous les efforts se perdent; les œuvres les mieux conçues s'épuisent vite et périssent. Tout le mouvement des choses est déterminé par une sorte d'agitation stérile et négative qui s'use au milieu de trop de conflits de races, de religions et de mœurs. Si toutes ces difficultés sans cesse renaissantes et ces peines perdues ne nous lassent pas quand il s'agit de la Turquie, quels ne doivent pas être nos sentiments à l'égard de la Perse, qui pénètre bien plus profondément en Asie, où elle est postée comme la sentinelle avancée de la civilisation, et dont l'action s'étend et l'influence s'exerce sur tout le centre de ce vaste continent? Seule, parmi toutes les nations asiatiques, elle vient, par une impulsion libre et spontanée, au-devant de la civilisation européenne. A elle seule peut donc s'attacher l'espérance de la voir s'approprier d'abord cette civilisation sans altérer son génie propre, et la répandre ensuite autour d'elle dans les vastes contrées où règne encore, après deux mille ans, le souvenir de ses splendeurs éteintes et de son ancienne gloire.

⁂

Un Français surtout ne peut, hélas! oublier dans quel état est cette Europe à laquelle Nassr-ed-din Châh vient offrir l'amitié et la bonne volonté de l'Asie. Ce souverain y verra partout, sous le calme apparent de l'ordre, les haines mutuelles des classes, l'égalité engendrant l'envie, et les convoitises de l'orgueil et de la paresse voulant s'élever au-dessus de la loi sociale. Nulle part les traces de la guerre civile ne sont plus apparentes que dans notre France, car nos plaies, à nous, sont encore saignantes. Mais les sociétés les plus fières de leur hiérarchie et de leur repos ne sont pas exemptes de ces troubles profonds. A ces dissentions intérieures se joignent les débats de nos rivalités internationales, dont le choc se fait sentir jusque sur la frontière de ses États. Il pourra relever les marques meurtrières de ces luttes entre peuples qui, du point de vue élevé où se place l'Asie, paraissent représenter les mêmes intérêts et les mêmes influences, correspondre à la même évolution de l'humanité et remplir dans l'ensemble de l'histoire du monde une même mission. Heureusement l'Europe peut en même temps lui offrir d'autres spectacles et lui montrer d'autres exemples.

⌘

Quelles que soient nos misères et nos luttes, l'œuvre que la Perse entreprend sur elle-même n'eût pas été possible sans le concours de l'expérience européenne. Cette œuvre est immense, en effet. Les contrats déjà souscrits par les ministres du Châh la définissent suffisamment pour vous la faire entrevoir. A quel point de l'organisme administratif, politique ou social, ne touche pas cette réforme? Il faut créer pour la transmission de l'action gouvernementale les rouages qui manquent, apporter dans les finances l'ordre et la précision, ouvrir des routes, tracer et construire des chemins de fer, aménager par un système de canaux le régime des eaux des fleuves, agrandir le port de Recht sur la mer Caspienne, et celui de Bender-Bouchir, sur le golfe Persique, de manière à rendre l'Iran également accessible au commerce de l'Orient et à celui de l'Occident; puis, faire renaître l'art sous sa forme moderne, qui le rend tributaire de l'industrie, raviver l'agriculture, bien facile à mettre en honneur sur une terre si féconde en fruits délicieux et couverte de vastes pâturages. Il s'agit, en un mot, de développer les forces vitales du pays et les sources abondantes de sa prospérité, de prélever ensuite sur toutes ces richesses la part de l'État, et de restituer, par le puissant ressort de l'impôt, à cette nation jadis si grande, les organes à l'aide desquels les peuples affirment, défendent et consolident leur nationalité et leur indépendance. Aussi le Châh complète-t-il, notamment avec la France et l'Angleterre, par des traités de commerce, les traités d'alliance et d'amitié qui sont dans les traditions de la diplomatie. Afin de poursuivre et d'atteindre sûrement le but élevé qu'il se propose, il demandera d'abord à l'Europe des capitaux; puis il empruntera à chacune de nos grandes nations des auxiliaires qui, se pénétrant des intérêts de son pays, deviendront les instituteurs de son peuple. On affirme qu'il entend y joindre des bibliothèques dont l'ensemble formera, pour ainsi dire, le dépôt toujours ouvert des sciences physiques et morales, des traditions et de l'histoire de l'Occident. Ce sera un trésor unique dans toute l'Asie. L'Europe accédera à tous ses vœux, car elle comprendra que ce Prince, ayant ainsi les idées, les ouvrages qui les résument, les hommes qui les personnifient et l'argent qui est l'instrument indispensable de leur application, pourra accomplir pour le renouvellement de son peuple et de sa race l'œuvre la plus grande peut-être que jamais souverain législateur et pacifique ait tenté. Que d'autres suivent alors cette noble initiative ; que le réseau des chemins ottomans se dessine et se complète par la jonction de Constantinople à Bagdad ; que la Russie, parvenue à Khiva, tende à travers la Tatarie indépendante la main à l'Angleterre et soude à Samarcande, par le Grand-Central asiatique, ses voies de fer à celles de sa puissante rivale, et la Perse, se rattachant par ses propres créations à ces routes magistrales, deviendra, par sa situation même, le centre et le foyer de la vie pour cette portion rajeunie de l'humanité.

⁂

Nos lecteurs peuvent reconnaître maintenant quelle est, au double point de vue de l'Asie et de l'Europe, l'extrême importance du voyage entrepris par Nassr-ed-din Châh. Sous l'éclat passager des fêtes apparaissent les graves et heureuses conséquences de cet événement. Avec quelle profonde anxiété et quel immense espoir le peuple persan, doué d'une si vive intelligence, ne suit-il pas, de son côté, cette pérégrination de son Roi allant sur tous les chemins de l'Europe en quête de ce qu'il pourrait faire pour le bonheur de son pays?

La reconnaissance publique associe au nom du souverain ceux des deux ministres, Mirza Hussein Khan déjà illustre par tant de services, et Malcom Khan, qui ont encouragé ce généreux projet et qui accompagnent l'Empereur. A Téhéran, à Ispahan, à Chiraz, dans la cité sainte de Meched, dans toutes ces villes dont quelques-unes portent les noms les plus éclatants de l'histoire, nos récits sont traduits, lus avidement et commentés par un peuple qui apprend à nous connaître et à nous aimer, selon ce que nous nous montrons envers le monarque en qui se résument à cette heure tous ses vœux, et qui est l'objet de toute son affection. En rentrant dans ses États, le Châh y rapportera tout ce qui constitue les instruments modernes du gouvernement. A l'inertie et à la somnolence succéderont l'activité et le travail. Le pays va se rajeunir, se relever.

Dans cette œuvre de rénovation nous serons comptés suivant ce que nous aurons fait pour concourir à sa réalisation. De tous les peuples de l'Europe celui-là exercera le plus d'influence à Téhéran qui aura paru exprimer, en dehors de toutes les ambitions et de toutes les convoitises, avec le plus de force et de vérité, les dons généraux de la civilisation européenne. Dans son palais de Téhéran, le Châh verra passer sous son regard l'image des peuples divers dont il est l'hôte en ce moment; il discernera les mobiles secrets de leur politique et il se confiera à eux dans la mesure même de leur désintéressement. Sous ce rapport aucune nation ne peut présenter de meilleur titre que la nôtre; aucune ne peut prétendre avec plus de raison à voir apprécier ses conseils. Et, comme les intérêts persans ne sont pas isolés, mais qu'ils sont liés, au contraire, à ceux de toute l'Asie, nous retrouverons dans toute la suite des affaires de l'Orient, le bénéfice de la place que nous nous serons faite dans l'estime de l'empereur et de son peuple. Depuis le jour où Abbas le Grand rétablit, après les Khans Mogols, en 1585, la monarchie persane, et depuis l'heure plus récente où un prince de la famille des Kadjars, l'illustre Feth-Ali Khan, mettant fin aux querelles qui déchiraient son pays depuis deux cents ans, reconstitua l'empire de l'Iran, rien d'aussi considérable que le voyage de Nassr-ed-din Châh ne s'est produit dans la politique de la Perse.

Il convient donc que la France se montre digne de son nom, de sa puissance réelle et de son passé dans les réjouissances qui marquent cet événement; car c'est une de nos traditions les plus certaines et les plus glorieuses que la main des Francs se retrouve dans toutes les grandes choses que l'Orient prépare ou accomplit.

FIN.

1637 — Paris, imprimerie JOUAUST, rue Saint-Honoré, 338.

www.ingramcontent.com/pod-product-compliance
Lightning Source LLC
LaVergne TN
LVHW052018160826
845678LV00003B/1107

* 9 7 8 2 3 2 9 6 5 0 8 6 9 *